Anny Wienbruch

Andi auf dem Bauernhof

SJD

Verlag der
St.-Johannis-Druckerei
C. Schweickhardt
Lahr-Dinglingen

In sich abgeschlossene Fortsetzung
von »Andi erlebt so viel Freude«
(Mini-Kindertaschenbuch Nr. 505)

Zwei weitere Büchlein über Andi erscheinen
demnächst:
»Andis Ferienerlebnisse« und
»Andi auf dem Schloß«.

CIP-Kurztitelaufnahme der Deutschen Bibliothek:

Wienbruch, Anny: Andy auf dem Bauernhof. – Lahr-Dinglingen: Verlag der St.-Johannis-Druckerei C. Schweickhardt; 1978. (Mini-Kindertaschenbuch; Nr. 506) Forts. von Wienbruch, Anny: Andi erlebt so viel Freude.

ISBN 3 501 00506 7

Mini-Kindertaschenbuch Nr. 506
Umschlagentwurf und Textillustrationen:
Herta Müller-Schönbrunn
© 1977 by Verlag der St.-Johannis-Druckerei
C. Schweickhardt, Lahr-Dinglingen
Gesamtherstellung:
St.-Johannis-Druckerei, 7630 Lahr-Dinglingen
Printed in Germany   6723/1978

Inhalt

Ein Tag auf dem Bauernhof 7
Wunder und Geheimnisse 20
Was Andi alles werden will 36
Der Unfall 52
»In dir ist Freude« 65

Ein Tag auf dem Bauernhof

»Dies ist ein wunderbarer Tag«, sagt Andi und schaut mit leuchtenden Augen zu seinem Vater auf, mit dem er dem Bauer über den großen Hof folgt. »So viel zu bewundern und verwundern ist hier.«

»Habe ich dir nicht angekündigt, daß alles, was Gott geschaffen hat, alles, was du heute erblickst, voller Wunder ist?« antwortet der Vater lächelnd.

Corri und Rosi, Andis Freundinnen, sind ein wenig enttäuscht, daß er diesmal nicht mit ihnen spielen mag. Er war zwar sehr begeistert, als Corri aus der Schar der weißen Hühner eines sogar auf den Arm nahm, ebenfalls als Rosi ihm zeigte, wie zwei niedliche Kätzchen miteinander spielten und droben auf dem Dach zwei Täubchen nebeneinander saßen und sich so zärtlich schnäbelten.

Auch dem Zug der stolzen Gänse ist er mit den beiden Mädchen gefolgt. Die Gänse spazierten würdevoll eine hinter der andern zu dem kleinen Dorfteich, wo schon besonders schöne kleine Enten mit roten Brustlätzen munter schwammen und dabei immer wieder untertauchten, »Köpfchen in das Wasser, Schwänzchen in die Höh«, wie die Kinder in der Schule gesungen hatten.

Auch der kleine Spitz hat ihm sehr gefallen, der gar nicht mehr von Corris Seite weicht, weil er ihr früher gehörte. Sie wollen ihn wieder mitnehmen, weil er gar so anhänglich ist.

Der Onkel hat ja noch drei andere Hunde: einen lustigen Dackel, dann einen großen massigen schwarzbraunen Rottweiler Hund, der

jeden Einbrecher in die Flucht schlagen wird, wenn der Bauer nur »Faß!« befiehlt. Sonst ist er aber so gutmütig wie der schöne große Bernhardiner, der jetzt behaglich, den breiten Kopf auf den Pfoten, in der Sonne liegt. Früher durften die Mädchen, als sie noch kleiner und leichter waren, sogar auf ihm reiten. Jetzt dürfen sie es auf den beiden Ponys, die der Onkel für seine künftigen Feriengäste angeschafft hat.

Auf dem Schimmel reitet der Onkel selber und zuweilen schon der Frank, sein zehnjähriger Sohn. Frank ist in diesen Ferien bei einer Tante zu Besuch. Bald soll er ein eigenes Pferd haben.

Peter, der Älteste, ist mit seinem Pferd fortgeritten. Reiten ist hier in Westfalen sehr beliebt. Einige Jungbauern aus dem Dorf haben sich schon an Wettreiten beteiligt und Preise errungen.

Ja, das hat Andi alles sehr interessiert.

»Warum seid ihr denn nicht hiergeblieben?« hat er seine Freundinnen gefragt.

»Ach«, hat Corri erwidert, »das konnte Vater nicht bestimmen. Hier ist keine Schule mehr. Man hat hier in der Nähe eine riesengroße Gesamtschule gebaut. Dorthin werden alle Kinder von den Dörfern und Orten ringsum mit Bussen gefahren. Mehr als tausend Schüler sind dort zusammen.«

»Wenn das bloß nicht auch bei uns noch geschieht«, hat Andi befürchtet. »Da findet man ja seine Freunde kaum noch in solch einer Menge.«

Ja, es war alles sehenswert, was ihm die beiden Mädchen gezeigt haben. Aber viel wichtiger ist ihm, wohin ihn nun der Bauer führt und was er ihm erklärt.

Da ist der saubere, weiß gekachelte Kuhstall, wo die Milch gar nicht mehr mit der Hand von der Bäuerin gemolken wird, wie Andi es sich vorgestellt hat, sondern mit einer Melkmaschine. Gummischläuche werden an das Euter der Kuh angeschlossen und dadurch milkt die Maschine die Milch in das Sammelgefäß.

Als sie wieder im Freien sind, zeigt der Bauer auf eine große grüne Fläche. »Bald werden unsere Kühe mit ihren Kälbchen dort weiden«, sagt er. »Das gibt eine Freude für sie. Sie tollen ganz ausgelassen umher und hüpfen und springen, wie man es den schwerfälligen Tieren kaum zutrauen kann, wenn sie ins Freie kommen. Am 1. Mai ist der Tag dafür, aber es kommt natürlich darauf an, ob die Tiere schon genug Futter auf der Weide finden.«

»Die Kühe haben so treue Augen«, sagt Andi. »Ich finde, sie sind gar nicht dumme Kühe, wie man in der Stadt oft andere Leute schilt. Und das eine Kälbchen, das ich sogar streicheln durfte, war so sehr nett, daß ich es am liebsten mitgenommen hätte.«

»Dort drüben«, erklärt der Bauer weiter, »da ist unser Wiesenland. Das wird auch nicht mehr wie früher mit der Sense gemäht. Wir haben eine Mähmaschine. Damit fahren wir hin und her über die Wiese. Wenn du zur Zeit der Heuernte hier bist, darfst du dich sogar mit mir oder Peter, meinem ältesten Sohn, oder mit Frank vorne auf dem Sitz so stolz fühlen wie ein König.«

»Sogar Frank kann das schon?« staunt Andi.

»Nun, es geht ja so einfach mit dem Motor wie ein Auto, und hinten dran ist das scharfe Messer, das abschneidet, und zugleich wird das abgeschnittene Gras hoch aufgewirbelt. Am nächsten Tag fahren wir dann wieder über die abgemähte Wiese. Diesmal wird das Gras aufgelockert und gewendet, daß es trockenes Heu gibt. Das müssen wir an mehreren Tagen machen. Dann rechen wir das Heu in Streifen zusammen und machen viereckige Packen daraus, die man wie Postpakete aufladen kann. Alles geschieht mit Maschinen, das Mähen des Getreides mit einem Mähdrescher, der gleich die Körner von den Halmen löst und sammelt.«

»So einfach ist das jetzt?« staunt Andi.

»Arbeit macht das auch noch genug«, erwidert der Bauer, »und voriges Jahr kam zu aller Mühe auch noch großer Kummer. Wir hatten tagelang das Heu gemäht, gewendet, aufgeschichtet – und dann ging in der Nacht ein Gewitter nieder. Dann mußten wir alle Pakken auseinandermachen und das Heu wieder zum Trocknen ausbreiten, drei Tage lang hin- und herfahren und es wenden – da regnete es wieder, und es regnete auch in die dritte Arbeit, und schließlich war alles Heu verfault. Siehst du dort am Wiesenrand die Hügel? Das ist das verfaulte Heu, das wir dort aufgeschichtet haben. Genauso ging es mit dem Roggen. Der verregnete schon vor der Ernte, daß er platt am Boden lag. All die stolzen Halme, die sich kurz vor der Ernte durch das Gewicht der Körner nur gesenkt hätte, lagen vorher schon vom Regen wie hingemäht.«

»Oh, wenn das ganze Heu verregnet ist, mußten dann im Winter die Kühe hungern?« fragt Andi traurig.

Der Bauer streicht ihm über den Kopf. »Siehst du, Kleiner«, antwortet er, »wir Menschen können heutzutage viel, sogar zum Mond fliegen, aber das Wetter können wir nicht machen. ›Wachstum und Gedeihen steht in des Himmels Hand.‹«

»Warum tut das aber der Vater im Himmel? Warum ließ er das Heu verderben?« fragt Andi weiter.

»Ich denke, damit wir einsehen, daß wir seine Hilfe brauchen, weil wir ohne ihn nicht fertig werden, und damit wir Vertrauen haben, daß er uns doch wieder hilft«, erklärt der Bauer. »Zweimal im Jahr wird das Gras gemäht und zu Heu getrocknet. Das zweite Mal ist die Ernte meist mager und wenig wert. Doch im vorigen Jahr schoß das Gras nach all dem Regen derart in die Höhe, daß wir bei der zweiten Ernte viel trocknen und heimfahren konnten. Außerdem gediehen die Rüben und die Kartoffeln prächtig. Nein, weder wir selber noch unser Vieh haben hungern müssen. Deshalb dürfen wir sehr dankbar sein und sollen *die* Menschen nicht vergessen, die in fernen Ländern Not leiden.«

Andi nickt nachdenklich vor sich hin. Wieviel

hat er an diesem Tag gelernt! Das muß er sich zu Hause noch alles gut überlegen.

Am Nachmittag spielt er mit seinen Freundinnen im Hof. Dann nimmt der Bauer sie alle drei mit zu den Bienenständen, wo die fleißigen Bienen eifrig aus und ein fliegen. Die Kirschbäume und die gelben Narzissen blühen schon, und die Bienen können von den Blüten süßen Nektar holen und davon Honig bereiten.

Es wird viel zu früh Zeit, Abschied zu nehmen.

»Wir kommen wieder! Wir kommen wieder!« verspricht der Vater. »Und hoffentlich fragt Andi in dieser Woche nicht gar zuviel, damit er Ihnen nicht leid wird.«

»Im Gegenteil!« versichert der Bauer.

Und Andi winkt den Eltern und Schwestern fröhlich nach.

Was werden das erst für schöne Ferien auf dem Bauernhof!

Wunder und Geheimnisse

»Nun fängt für dich morgen wieder der Ernst des Lebens an, mein Sohn«, sagt der Vater beim Abendessen.

»Wieso?« staunt Andi.

»Du mußt dann doch wieder in die Schule«, erklärt der Vater.

»Ja«, gibt Andi zu, »aber da ist es auch nicht gerade ernst. Da gibt es oft was zu lachen. Lieber wäre ich ja bei Onkel Wilm auf dem Hof geblieben.«

»So«, scherzt die Mutter, »uns hättest du dann ganz im Stich gelassen.«

»O nein«, antworter Andi, »ihr hättet ja auch wieder dorthin kommen können. Ich habe auch oft an hier gedacht, und Sorge habe ich mir auch gemacht.«

»Sorge?« fragt Gertrud, die große Schwester. »Meinst du, wir könnten nicht ohne dich fertig werden?«

»Ach, wegen dir mach ich mir keine Sorgen«, wehrt Andi ab. »Aber wie ist es mit dem Amselnest? Sind die Jungen ausgeflogen?«

»So weit ist es noch nicht«, berichtet der Vater. »Das Weibchen sitzt immer noch brav auf seinen Eiern.«

»Da muß ich gleich nachsehen«, ruft Andi eifrig.

»Da siehst du nicht viel«, erklärt die Mutter. »Nur das Schnäbelchen steckt es ein wenig in die Höhe, und ab und zu kann man das Schwanzspitzchen erkennen. Außerdem bleibst du besser in einiger Entfernung. Im

Garten gegenüber hat das Amselweibchen sein Nest im Stich gelassen, weil zu viel Menschen dort nachschauten und es ihm zu laut war. Es hat die Eier nicht ausgebrütet.

Und von der Tanne, die nicht weit von unserm Ilexstrauch steht, bleibst du auch fort, wenn demnächst die Jungen ausgeschlüpft sind. Die Vogeleltern fliegen nie stracksweg zu ihren Kleinen. Sie setzen sich zuerst mit der Nahrung, die sie bringen, in der Nähe auf einen Ast oder Pfahl, und dann wagen sie sich von dort aus zum Nest hinüber. Du weißt doch schon, wie vorsichtig sie sind; denn sie schlüpfen nur durch das kleine Törchen, das sie sich zwischen den stacheligen Ilexblättern gebahnt haben, zum Nest hinein. Wenn die Kleinen sich aus den Eiern herausgepickt haben und mit Geschrei und Gepiepe nach ihrem Futter verlangen, wirst du vom Küchenfenster aus ihre so weit aufgesperrten Schnäbelchen sehen. Und dann gehst du erst recht nicht nahe heran, sonst fallen sie am Ende vor Schrecken aus dem Nest und liegen unten auf dem Rasen und wissen nicht mehr in die Höhe zu kommen.«

»Aber die Alten füttern sie dann dort unten«, meint Andi.

»Wenn die Amselchen auch weich auf Gras oder Blätter fallen würden, sterben sie doch in kurzer Zeit, weil sie nackt sind. Sie haben noch kein Federkleid und brauchen das warme Nest«, entgegnet die Mutter. »Manchen Menschenkindern, die zu früh aus dem Elternhaus hinausdrängen, ergeht es auch meist schlecht.«

»Wie dem verlorenen Sohn, von dem der Herr Jesus erzählt«, sagt Gertrud. »Aber wir bleiben alle drei brav hier, bis wir zum Weiterlernen in eine andere Stadt übersiedeln müssen.«

Andi nickt. »Natürlich will ich nicht fort von euch«, versichert er, »aber auf dem Hof war es doch sooo schön. Da könntet ihr doch alle mit mir hinziehen.«

»In den großen Ferien«, verspricht der Vater. »Aber jetzt muß ich hier meiner Arbeit nachgehen und ihr drei in euren Schulen.«

Andi nickt wieder nachdenklich. »Schade!« murmelt er.

»Was gab es denn dort so besonders Schönes?« erkundigt sich Birgit, die zweite Schwester. »Hast du den ganzen Tag immer nur Tiere beobachtet?«

»Ach, noch so viel anderes habe ich getan«, erzählt Andi. »Mit Corri und Rosi habe ich Verstecken und Nachlaufen gespielt. Einmal bin ich sogar über den Weg vor dem Hof gerannt und dann den ganzen Abhang gegenüber hinab bis auf die Wiese und beinahe bis in das Bächlein gerollt, damit sie mich nicht fingen.«

»Na, da konntest du dich nachher gleich bei den Schweinchen einreihen«, scherzt die Mutter. »Da wirst du wohl wie so ein Ferkelchen ausgesehen haben.«

»Ferkelchen sind ganz saubere rosige Tierchen«, verteidigt Andi die Schweinchen.

Dann erzählt er weiter: »Am besten gefiel mir auch – oder alles gefiel mir am besten. Also es gefiel mir, wenn ich mit dem großen Peter über die Wiesen und das Weideland fahren durfte. Wie ein König saß ich da oben neben ihm, und dann ging es immer auf und ab, auf und ab. Die Mädchen hatten daran nicht solch einen Spaß. Die spielten in der Zeit mit ihren Freundinnen Ball oder Steinchenhüpfen, und das war mir wieder zu dumm. Aber so hin- und herfahren, das war Klasse.«

»Du meine Zeit!« ruft Birgit. »Was habt ihr denn da gemacht? Da ist doch nichts zu mähen.«

»Wir haben Dünger gestreut. Der kam hinten aus dem Fahrzeug schön regelmäßig heraus«, antwortet Andi stolz.

»Pfui«, lacht Birgit und hält sich die Nase zu. »Daran hätte ich auch keinen Spaß. Puh, der Gestank von dem Mist!«

»Das war kein Stallmist.« erwidert Andi. »So etwas kannst auch nur du denken. Das waren kleine weiße Körnchen.«

»Andi!« mahnt der Vater.

»Na ja, entschuldige bitte«, sagt Andi. »Es war nicht böse gemeint. Und dann – das muß ich auch erzählen –, da haben wir drei alte Autoräder hinten an den Wagen gebunden, eines hinter dem andern. Und Frank, Peters Bruder, der wirklich sehr nett war und auch noch mit dabei saß, der ist dann hinterhergelaufen, damit die Räder auch richtig über den Boden schleiften. Die sollten nämlich nicht rollen. Die lagen eines hinter dem andern, wie ich eben schon sagte.«

»Und warum denn dieser Zirkus?« fragt Birgit gekränkt. »Hattet ihr nichts Gescheiteres zu tun?«

»Ich will jetzt nicht sagen, was ich über deine Frage denke«, antwortet Andi so würdevoll, daß sie alle lachen. »Ein Bauer tut so etwas nicht zum reinen Vergnügen. Damit werden all die Maulwurfshügel eingeebnet. So, jetzt wißt ihr es. Und ich will später auch Bauer werden.«

»So, so«, sagt der Vater schmunzelnd, »da müssen wir von jetzt an tüchtig sparen, damit wir Andi einen Hof kaufen können. Doch ich bin froh, daß er so Freude an der Landarbeit hat. Wißt ihr, daß der Herr Jesus auch viel von der Arbeit des Bauern verstand? Wißt ihr, wie er vom Säen und vom Unkraut unter dem Weizen und vom Herrn, der Arbeiter für seinen Weinberg suchte, und von so manchem Ähnlichen redete? Und beobachtet hat er als kleiner Junge bestimmt auch so wie unser Andi. Er sprach von den Blumen auf dem Felde und von den Sperlingen. Ihr könnt mal nachsuchen, was er noch alles über die Feldarbeit geredet hat.«

»Von dem Land, das reif zur Ernte ist«, fällt Gertrud ein.

»Damit hat er aber auch noch etwas anderes gemeint, so wie er oft etwas als Gleichnis brachte«, meint die Mutter.

»Ja«, stimmt der Vater bei, »aber er zeigte damit auch, daß er etwas von der Arbeit in

Feld und Wiesen und Weinbergen kannte. Wir wollen nicht über unsern Andi lachen. Er hat schon oft gemerkt, daß alle Werke Gottes voll Wunder und voll Geheimnisse sind. Das sieht man am besten auf dem Lande.«

»Und nun habe ich noch etwas«, berichtet Andi. »Das ist aber kein Wunder und ist doch vom Himmel gefallen, und ich habe es aufgehoben.«

Er fummelt in seiner Hosentasche herum, findet nicht, was er zeigen möchte, bis ihm die Mutter zuruft: »Andi, du hast ja einen andern Anzug an. Vielleicht ist das, was du suchst, in der schmutzigen Hose, die ich schon in die Waschküche gebracht habe.«

»O weh!« schreit Andi. »Darf ich mal eben aufstehen und dort nachgucken?«

Der Vater nickt. Im allgemeinen ist es nämlich

nicht Brauch, daß man beim Essen einfach fortläuft.

Andi kehrt rasch wieder, hat ein Taschentuch in der Hand, das man beim besten Willen nicht als sauber bezeichnen kann.

»Ist das die ganze Überraschung?« fragt Gertrud.

»Wartet doch ab!« erwidert Andi. Er beißt die Zähne zusammen, so müht er sich, den Knoten zu lösen, den er in das Taschentuch geknüpft hat. Alle warten schmunzelnd und gespannt.

»Da ist es!« ruft Andi vergnügt und hält ein zerknülltes rotes Etwas in die Höhe.

»Was ist das denn?« ruft Birgit. »So etwas Großartiges scheint das nicht zu sein.«

»Wartet ab!« erwidert Andi wieder. »Das ist ein Luftballon gewesen. Der ist auf der Wiese dicht vor unserm Wagen heruntergekommen. Er war schon ganz schlaff. Und als ich ihn aufhob, war er nur noch so ein kleines Dingelchen da.«

»Na, wenn das etwas ist!« meint Birgit.

»Warte ab!« ruft Andi zum drittenmal. »Hier, eine Karte hing daran, und keiner konnte lesen, was darauf stand. Es ist eine fremde Sprache, und ziemlich verwischt ist es auch. Da hat Onkel Wilm geraten, ich sollte diesen Fund mitnehmen. Mein Vater wüßte sicher, was das bedeutet.«

Andi reicht die Karte, die alles andere als sauber ist, dem Vater, und der blickt ein Weilchen darauf hinab und erklärt dann lachend:

»Dieser Luftballon ist mit vielen andern bei einem Tulpenfest in Holland aufgestiegen, und auf dieser Karte wird auf holländisch eingeladen, die wunderschönen Tulpenfelder zu besuchen und zugleich den Jungen, der dies geschrieben hat. Wollen wir nächsten Sonntag mal dorthin? Lange können wir nicht mehr warten, sonst sind die Tulpen verblüht.«

»O ja, ja!« rufen die Kinder.

»Das wäre fein«, stimmt auch die Mutter zu. »Ich war vor einigen Jahren dort und habe selten so etwas Wunderschönes gesehen, dieses weite ebene Land und darauf Tausende von herrlichen Tulpen in Rot, Rosa, Gelb, Weiß, Gestreift, Lila sogar. Man kann sich einfach nicht satt sehen.«

»Haben die Holländer die Tulpen so gerne?« fragt Andi.

»O ja«, antwortet der Vater. »Aber nur weil sie so schön aussehen, haben sie nicht so viele auf ihren Feldern. Sie verkaufen weniger die blühenden Tulpen als die Tulpenzwiebeln, von denen man mehr als hundert verschiedene

Arten kennt. Es gab vor langer Zeit sogar reiche Leute, die unheimlich viel Geld für nur eine einzige besondere Zwiebel zahlten. Es war eine richtige Tulpenkrankheit ausgebrochen, keine Krankheit des Leibes, die ein Arzt heilen könnte. Nein, die Krankheit nannte man Tulpenmanie. Und manche waren so närrisch, die seltensten Tulpen zu haben, daß man für eine Zwiebel bis zu dreizehntausend holländische Gulden zahlte. Heutzutage sind die Tulpenfreunde wieder vernünftig. Aber das muß jeder zugeben, wenn sie auch nicht mehr so teuer sind: wunderschön sind diese Tulpen. Ihr habt ja auch schon welche in den Gärten gesehen. Aber wenn ihr diese weiten Felder voll Tulpen, diese bunten Beete seht, dann merkt ihr erst, wie herrlich diese Blumen geschaffen sind. Auch sie sind eines von Gottes Wunderwerken.«

»Also auf nach Holland!« ruft Birgit.

»Und einen schönen runden Holländer Käse bringen wir dann auch mit nach Hause!« schlägt die Mutter vor.

»Ich bin glücklich, immer glücklich!« ruft Andi.

»Dann mußt du es so machen, wie Pfarrer Bodelschwingh ermahnt hat«, rät der Vater: »Jeden Tag ein Loblied mehr.«

Was Andi alles werden will

»Nun geht es wieder los, puh!« sagt Birgit und schwenkt ihre Mappe, während sie in das Wohnzimmer tritt. »Ich muß hier auf Gertrud warten. Die nimmt alles so genau, daß sie jetzt noch einmal nachschaut, ob sie alle Bücher, Hefte und was weiß ich was noch, eingepackt hat. Draußen regnet es. Da stehe ich hier herum, bis sie endlich kommt. Dann müssen wir wieder Dauerlauf machen. Zu spät möchte ich nicht sein. Das wäre erst recht ein schlechter Anfang. Es graut mir schon sowieso. Bestimmt schreiben wir so bald wie möglich Mathe, und da heimse ich wieder eine Fünf ein. Na, Andi, bist du auch so mißgestimmt wie ich, daß die Schule wieder anfängt? In einer Stunde mußt du dich auf den Weg begeben.«

37

»Ich habe schon gestern gesagt, daß es in der Schule auch viel Spaß gibt«, erwidert Andi stolz. »Ich habe auch keine Angst vor Mathe. Ich brauche keinen Brief an sie zu schreiben. Bei uns heißt keine Marthe oder so ähnlich.«

Birgit lacht. »Mathe ist die Abkürzung für Mathematik«, erklärt sie dem kleinen Bruder.

»Die kenne ich auch nicht«, antwortet Andi. »Wer ist das?«

»Ach, Brüderlein, das wirst du später noch erfahren«, seufzt die ältere Schwester. »Auf deutsch heißt das eigentlich Rechnen.«

»Das konntest du doch gleich auf deutsch sagen«, meint Andi. »Vater mag auch keine Fremdwörter leiden. Er sagt: ›Was man auf deutsch sagen kann, soll man schlichtweg deutsch sagen.‹«

»Na, dann richte das mal unserm Lehrer aus!«

rät Birgit. Und dann läuft sie zur Tür. Gertrud kommt nämlich eilig die Treppe herunter.

Andi blickt den Schwestern nach. Er kann gar nicht verstehen, daß Birgit so ungern zur Schule geht und Gertrud an diesem Morgen auch solch mißmutiges Gesicht macht. Ihm gefällt es in der Schule, und der Vater hat schon oft ermahnt, daß man tüchtig lernen soll, solange man noch ein Kind oder wenigstens noch jung ist. »Wer nichts lernt, der wird nichts Gescheites«, hat er gewarnt. »Gott gibt euch den Verstand und die Gaben, viel Wissenswertes in euch aufzunehmen. Es wäre undankbar gegen den Vater im Himmel, wenn ihr dumm bleiben wolltet. Es gibt viele Kinder, die gerne lernen würden, aber es nicht können, weil sie krank sind, vielleicht nicht körperlich, sondern geistig. Mit denen muß man Mitleid haben und, wenn es uns möglich ist, ihnen helfen.«

»Wie denn?« hat da Andi gefragt.

»Man kann es als Helfer, Diakon nennt man das, oder als Schwester, Diakonisse. Ihr könnt wenigstens, wenn ihr die Schule hinter euch habt, ein Jahr als Helfer oder Helferin nach Bethel oder in eine andere Anstalt gehen. Wenn ihr von Gott die Fähigkeiten habt, könnt ihr auch Arzt oder Ärztin werden. Und jetzt könnt ihr wenigstens von eurem Taschengeld und Spargeld etwas opfern.«

»Das will ich auch«, hat Andi versprochen. »Und wenn ich nicht Bauer werden kann, so werde ich Arzt oder Diakon. Ach, es ist schwer zu wissen, was man werden soll. Es fällt mir immer etwas anderes ein.«

»Gott wird dir zur rechten Zeit schon ins Herz geben, als was er dich in seinem Dienst haben will«, hat der Vater getröstet. »Er wird dir auch immer sagen, was du für ihn tun sollst. Du mußt ihn nur bitten, daß du darauf hören lernst.«

Darauf will sich Andi nun verlassen.

Er läuft in die Küche, blickt vom Küchenfenster aus wieder einmal zum Amselnest hinüber. Nein, die Jungen sind noch nicht ausgeflogen. Von dem Weibchen ist wieder nur die Schnabelspitze und das Schwanzende zu sehen. Aber es hat sich andersherum gedreht. Warum wohl? War es einmal draußen und das Männchen hat inzwischen die Eier gewärmt und sich vorsichtig draufgesetzt?

Es ist schade, daß Vater schon fortgegangen ist. Den kann Andi über alles fragen.

›Es ist schön‹, überlegt Andi, ›wenn man solch einen Vater hat, der einem immer die rechte Antwort geben kann.‹ Und gerade dieser Vater, den Andi hier auf Erden hat, der hat ihm auch gesagt, daß er, der kleine Andi, wie der große erwachsene Mann, überhaupt alle Menschen mit ihren Fragen zu dem Vater im Himmel kommen dürfen und ihm alles klagen, alles erzählen können.

Aber wir müssen ihm auch danken und ihm zeigen, daß wir ihn liebhaben. Das weiß Andi, und darum singt er so gerne das Lied: »Lobe den Herren.«

Jetzt aber summt er vor sich hin: »In dir ist Freude!«

Die Mutter kommt in die Küche. »Ei, so guter Laune?« fragt sie ihren Jüngsten.

»Ja, ja«, antwortet Andi, »ich bin ganz voll Freude.«

»In dem Lied heißt es aber: ›In dir ist Freude in allem Leide‹«, sagt die Mutter. »Vom Leid weißt du noch nichts.«

»Nein«, erwidert Andi gedehnt, »muß ich das denn?«

»O nein«, entgegnet die Mutter. »Gott allein weiß, wann du davon erfahren mußt. Er behüte dich fernerhin!«

Andi holt seinen Schulranzen herbei. »Ich will früh gehen«, erklärt er. »Ich hole Rosi und Corri ab. Hörst du, drüben bei ihnen im Haus bellt ihr Spitz. Nun muß der arme Kerl allein bleiben. Die Mutter nimmt ihn vielleicht mit, wenn sie einkaufen geht, aber dann muß er draußen vor dem Laden warten. Das hat er noch nicht begriffen. Und wenn sie ihn anbindet, heult er. Ich glaube, sie bringen ihn wieder ins Dorf zurück, so gern sie ihn haben. Oder gerade weil sie ihn liebhaben. Hier kann er nur im Garten ein wenig herumlaufen und richtig tollen auch dort gar nicht wegen der Beete, und wenn wir ihn nachmittags mitnehmen, muß er immer an der Leine sein. Da hat er es im Dorf besser.

Dort spielte er immer so drollig mit dem kleinen Dackel, dem Waldi, und der große Bernhardiner ließ ihn zwischen seinen dicken warmen Pfoten schlafen. Und bei dem andern Hund, dem Rottweiler, durfte er zuweilen im Spaß auf den Rücken klettern. Das hat er hier alles nicht. Und an Tante Else, Onkel Wilms Frau, hängt er so. Die hat ihn aufgezogen, als er als ganz kleines Hundebaby zu ihr gebracht wurde. Schlechte Menschen hatten ihn einfach aus ihrem Auto geworfen, wie es manche ganz böse Leute mit ihren Hunden tun, wenn sie in die Ferien fahren. In einem fernen Land geben sie viel Geld aus, aber keine paar Mark, um für ihren treuen Freund vorher von einem Tierarzt ein Attest schreiben zu lassen oder ihn für die Zeit in einem Tierheim unterzubringen. Darin hat er natürlich Heimweh, aber es ist doch besser, als verlassen auf der Straße ausgesetzt zu sein oder gar überfahren zu werden. Und er wird dann ja wieder abgeholt, wenn sein Herrchen und Frauchen zurückkehren. Der kleine Spitz hatte eine verwundete Pfote, als Kinder ihn auf Onkel Wilms Hof brachten. Und nun ist er so dankbar. Er war ja gerne bei Corri und Rosi im Schulhaus, weil er es dort natürlich gut hatte und jeden Tag, sooft er wollte, auf den Hof und zu Tante Else laufen konnte. Aber jetzt ist er gewiß traurig – wenn auch die beiden Mädchen und ihre Eltern gut zu ihm sind.«

»Er wird sich gewiß noch eingewöhnen«, tröstet die Mutter. »Warte nur ab! Die Menschen aber, die so mit ihren Hunden umgehen, wenn sie verreisen, die wissen nicht, daß Gott es sieht und daß er sogar, wie in der Bibel steht, für die hungrigen Raben sorgt und die Sperlinge liebt.«

Andi nickt ernsthaft und verspricht: »Später, wenn ich groß bin, dann sage ich es den Leuten allen. Jetzt hören sie nicht so recht auf mich, weil ich noch ein kleiner Junge bin.

Vielleicht werde ich Prediger.« Und dann trollt er sich. Es wird Zeit. Seine beiden kleinen Freundinnen warten schon draußen auf der Straße auf ihn.

»Da kommst du endlich, Andi! Guten Morgen, Langeschläfer!« ruft ihm Corinna entgegen.

»Wir haben noch viel Zeit«, meint Rosi. »Da brauchte sich Andi nicht so zu eilen.«

»Ich bin kein Langeschläfer«, verteidigt er sich. »Ich habe schon in aller Frühe das Amselnest beobachtet. Das Weibchen hatte es eine kurze Zeit verlassen, und ich hatte schon Sorge, es ließe die Eier im Stich. Und das Männchen nahm auch nicht den Platz seiner Frau ein, sondern sang vergnügt oben auf der Dachspitze eures Hauses. Doch sie kam rasch wieder. Sie hat sich gewiß selber etwas zu fressen geholt, und schließlich mußte sie sich ja

47

auch mal bewegen. Und nachher hatte ich ein ernstes Gespräch mit meiner Mutter. Das geht euch auch an. Doch darüber müssen wir uns in Ruhe heute nachmittag unterhalten. Bald sind wir mitten in der Stadt, und euch habe ich schon gestern angemerkt, daß ihr wieder in eurem Dorf wart.«

»Was soll das denn heißen?« fragt Rosi empört. »Sind wir dümmer als in der Stadt? Du bist ja ebenso wie wir auf dem Land gewesen und warst so glücklich dort, daß du sogar uns anvertrautest, daß du Bauer werden wolltest.«

»Natürlich sind die Leute im Dorf nicht dümmer als die in der Stadt«, versichert Andi. »Im Gegenteil. Sie wissen viel mehr über die Tiere und Bäume und Pflanzen und alles, was da draußen in der Natur ist. Bauer, ob ich das werde, das weiß ich zwar nicht. Ich schlug heute meiner Mutter vor, ich wollte Prediger oder Pastor oder so etwas werden, und gestern dachte ich an Arzt oder Diakon. Nun, mein Vater meinte, das würde ich später schon erfahren, was ich würde. Wenn ich euch so betrachte, so fällt mir ein, es wäre auch notwendig, Verkehrsschutzmann zu werden!«

»Wieso das denn?« ruft Corri erstaunt. »Was haben wir damit zu tun?«

»Nun«, erwidert Andi ernst, »seit ihr wieder auf dem Dorf wart, habt ihr schon wieder vergessen, wie man in der Stadt über die Straße geht. Ihr bekommt noch mal einen Strafbefehl, und euer Vater muß dann viel Geld bezahlen. Es braucht nur mal ein Polizist zu bemerken, wie ihr es macht.«

»Wie denn?« fragt Rosi unschuldsvoll.

Andi nickt würdevoll wie ein alter Opa vor sich hin. »Ich habe es wohl gesehen, als wir gestern zusammen etwas Wurst und Brot einkaufen mußten, wie ihr quer über die Straße gingt und gar nicht bis zu dem Übergang auf dieser Seite bliebt. Ich muß euch immer und immer ermahnen, daß ihr bis zur Ampel gehen sollt und dort aufpassen, was für ein Licht für Fußgänger aufleuchtet. Erst bei Grün dürft ihr dann rüber. Aber ich kann es euch immer wieder predigen; ihr hört nicht drauf. Es geht bei euch zu einem Ohr rein und zum andern raus.«

»Ach, du Herr Schulmeister!« ruft Corri lachend. »Du tust ja, als hättest du die Weisheit mit Löffeln gegessen, und dabei weißt du noch nicht einmal, was du werden willst. Jetzt also Verkehrspolizist! Ich bin gespannt, was dir morgen einfällt. Wir machen so einen Ziehzettel, und dann ziehst du dir den Beruf.«

»So dummes Spielzeug, wie ihr Mädchen in der Schule oft habt, brauche ich nicht«, entgegnet Andi. »Außerdem hat es noch Zeit, und mein Vater hat gesagt, daß es mir Gott dann ins Herz geben wird. Manche werden etwas ganz anderes, als sie sich vorgenommen haben.«

»Na, dann wollen wir mal abwarten, wo du landen wirst«, meint Rosi friedlich dazu, und somit gehen sie weiter, und Andi ist auch nicht mehr so ernst. Er summt sogar vor sich hin: »In dir ist Freude . . .«

Und Corri fügt hinzu: »Die Hauptsache ist, wenn wir Kinder Gottes sind.«

Der Unfall

»Hule, Jule, Trule, wir gehen in die Schule!«

So singen Corri, Rosi und Andi miteinander. Das klingt mehr laut als schön, aber vor allem recht lustig. Sie haben sich dabei angefaßt und hüpfen ausgelassen auf dem Bürgersteig daher. Andi hat an jeder Hand eine seiner kleinen Freundinnen. Die Leute schauen sich nach ihnen um, und viele lachen. Nur ein schlecht gelaunter Mann knurrt: »Versperrt den Weg nicht für vernünftige Menschen.«

Es herrscht ein lebhafter Verkehr in der Stadt zu dieser Stunde. Viele Frauen kaufen für das Mittagessen auf dem Markt oder in Geschäften ein und haben es mit ihren schweren Taschen eilig, wieder nach Hause zu kommen. Dazu reiht sich auf der Fahrbahn Wagen hinter Wagen, denn manche Herren beginnen ihre Arbeit erst um neun Uhr.

»Da – da!« ruft plötzlich Corri, »da drüben ist ja unser Spitzchen. Wie kommt der Purzel hierher?«

»Gewiß hat ihn die Mutter mitgenommen, weil er so heulte, hat ihn vor dem Kaufhof an dem Fahrradgestell festgebunden, und er hat sich losgemacht«, meint Rosi.

»O ja!« schreit Corri entsetzt. »Er ist ganz allein. Purzel, komm schnell rüber zu uns. Sonst läufst du noch in ein Auto hinein und wirst überfahren. Purzel, komm, komm!«

Andi schüttelt seine Freundin ärgerlich und aufgeregt am Arm. »Ruf ihn doch nicht!« befiehlt er. »Dann läuft er erst recht über die Straße zu uns herüber und ist in Gefahr.«

Aber Corri reißt sich los, und anstatt des

Spitzchens rennt sie nun über die Fahrbahn zu Purzel hinüber.

»Corri! Corri!« brüllt Andi so laut, daß die Leute nach ihm schauen.

Corri hört nicht. Sie saust drauflos.

Da kann Andi nicht anders. Er jagt hinter ihr her, daß seine Beine nur so in die Luft fliegen. Er erreicht sie, zieht sie zurück. Doch es gelingt ihm nicht, so eifrig ist sie, den kleinen Spitz zu holen. Und da saust auch schon ein großes rotes Auto heran. Andi packt Corri am Arm, reißt sie an die Seite, wirft sie mit all seiner Kraft hinter sich. Doch er selber stößt mit dem Kopf gegen den Kühler des Wagens, wird sogar ein Stückchen mitgeschleift, bis der entsetzte Fahrer gebremst hat.

Das ist ein Geschrei! Im Nu ist ein Menschenauflauf entstanden. Die Wagen, die dem Unglücksauto gefolgt sind, müssen stoppen.

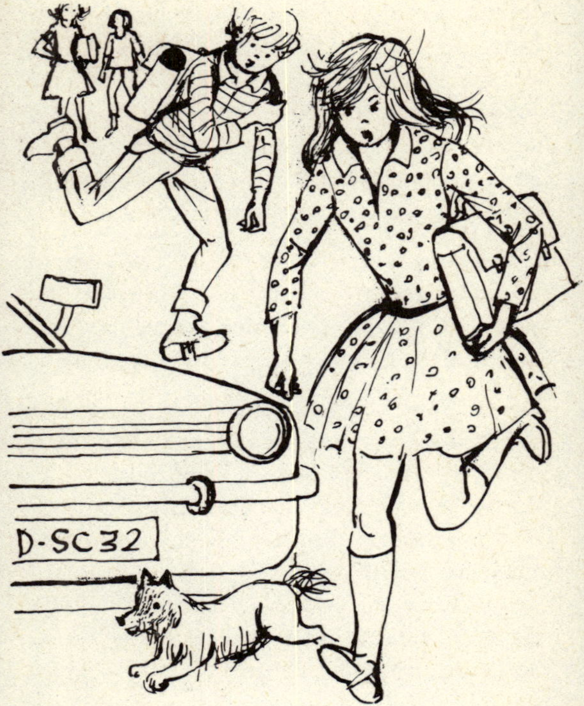
D-SC32

Immer mehr Leute eilen herbei. Doch keiner hilft oder weiß zu helfen. Sie stehen nur da, drängen sich immer weiter hinzu, bis sich eine Frau nach vorne gearbeitet hat und empört schreit: »Laßt den Kleinen doch nicht einfach so liegen und starrt ihn vor lauter Neugierde an! Hebt ihn auf! Holt einen Arzt!«

Da ist auch schon Polizei da! »Liegen lassen! Nicht anrühren!« befiehlt er. »Sofort im Geschäft drüben die Dienststelle anrufen: Verkehrsunfall, Krankenwagen ist notwendig.«

Der Polizist beugt sich über den bewußtlos auf der Fahrbahn liegenden Jungen und sieht, daß er aus einer Wunde am Kopf blutet. Vorsichtig legt er Andis rechten Unterarm auf dessen Stirn und wendet Andis Körper, daß er auf seiner rechten Seite liegt und der Kopf auf dem Arm mit der Nase nach unten. Wenn nun die Nase blutet, kann da Blut herauslaufen und Andi trotzdem atmen.

Plötzlich ertönt von weitem: »Tatü–tata!« Polizeiwagen und Krankenwagen fahren an. Hu, wie das blaue Licht auf ihren Dächern so unheimlich blinkt.

»Wem gehört der Junge? Wie heißt er? Ist denn keine Mutter oder sonstige Angehörige hier?« wird weiter von einem anderen Polizisten geforscht.

Er blickt sich um, sieht die schluchzenden verstörten kleinen Mädchen.

»Wir – wir wollten miteinander zur Schule gehen«, stößt Rosi hervor. »Es ist der Andi.«

»Immer noch nicht Verkehrserziehung!« murrt der Mann in der blauen Uniform.

Inzwischen haben weißgekleidete Männer Andi vorsichtig auf eine Tragbahre gehoben und bringen ihn in den Krankenwagen.

Der Polizist sagt: »Wir benachrichtigen die Eltern.«

Der Krankenwagen fährt mit Andi ab. Die neugierigen Leute verlaufen sich.

Der Polizist ist auf den Bürgersteig getreten und hat die beiden kleinen Mädchen mitgenommen. Diesmal hat er an jeder Hand eine. Sie schluchzen so erbärmlich, daß es ihm schwerfällt, endlich von ihnen zu erfahren, wie dieser Andi heißt und wo er und seine Eltern wohnen.

Wenn er auch so streng dreinblickt, hat er doch ein gutes Herz. Er winkt dem Fahrer des Polizeiwagens, der noch an der Seite hält, daß er die beiden Kinder nach Hause bringt. »Sonst bauen die in ihrer Verwirrung noch einen Unfall«, meint er.

»Komme ich nun ins Gefängnis?« fragt Corri jämmerlich weinend.

»Nein«, beruhigt sie der Polizist, »du kommst nach Hause. Ihr braucht nicht zu weinen, ihr beiden. Euer Freund ist zum Krankenhaus gefahren worden, und dort wird ihm geholfen, und bald ist alles wieder gut.« Er nickt ihnen gutmütig zu.

Die andern Wagen, die solange halten mußten, fahren weiter. Auf der Straße ist nun wieder alles wie vorher, als wäre nichts geschehen. Bloß Corri und Rosi sind nicht mehr fröhlich, sondern sehr traurig. Und Andi ist nicht mehr bei ihnen, sondern gewiß jetzt schon im Krankenhaus.

»Ist er tot?« fragt Corri den Mann in Uniform, der bei ihnen sitzt.

Er winkt ab.

»Dann wäre er ja nicht mehr ins Krankenhaus gebracht worden«, versucht er zu trösten.

Ist er sehr verletzt? Wird er wieder gesund?« will Rosi wissen.

»Das muß der Doktor erst feststellen«, antwortet der Polizist. »Darüber kann ich keine Auskunft geben. Ich kann euch nur eines raten: Ein andermal paßt besser auf! Und –« er zögert ein wenig und denkt dabei an seine eigenen Kinder zu Hause. »etwas könnt ihr auch noch tun.«

»Ja«, stimmt Rosi ein und wischt die Tränen ab, die über ihre Backen fließen, »wir können für Andi beten. In unserm Nachtgebet heißt es:

›Deine Gnad und Jesu Blut
macht ja allen Schaden gut.‹«

»Ja«, nickt der Polizist wieder, »»Müde bin ich, geh' zur Ruh', das beten meine Kinder auch. Ich werde ihnen sagen, sie sollen dabei an diesen Andi denken.« –

Das ist erst recht ein Weinen und Schluchzen, als Corri und Rosi zu Hause abgeliefert werden.

Andis Mutter ist bereits angerufen worden und ebenso sein Vater. Er ist mit ihr zum Krankenhaus gefahren.

Mehr weiß die Mutter der beiden Mädchen nicht, und wahrscheinlich werden Andis Eltern vorerst nicht viel oder vielleicht noch gar nichts über Andis Zustand erfahren haben.

»Er muß erst gründlich untersucht werden«, sagt die Mutter der beiden.

Gertrud und Birgit, Andis Schwestern, kommen herübergelaufen. Man hat sie aus der Schule heimgeschickt, als Andis Vater, der Lehrer, angerufen wurde.

»Wir sind gleich ins Krankenhaus gelaufen und wollten zu Andi«, sagt Gertrud, »aber dort sind wir nicht zu Andi gelassen worden. Noch nicht einmal die Eltern durften bis zu ihm. Andi ist im Operationszimmer, und die Eltern sitzen im Wartezimmer. Vater befahl uns, nach Hause zu gehen. Es hätte keinen Zweck, daß wir im Krankenhaus bleiben. Sobald man Näheres über Andi weiß, erfahren es die Eltern. Ob sie dann bei Andi bleiben dürfen oder auch fortgeschickt werden, das wußte Vater nicht. Er sagte uns nur beim Abschied: ›Ihr könnt jetzt nichts anderes tun, als für unsern Kleinen beten. Wir können Gott mit unsern Gebeten nicht zwingen, daß er uns Andi erzählt, wenn er es anders mit ihm vorhat. Seine Wege sind nicht unsere Wege, und unsere Gedanken sind nicht seine Gedanken. Aber wir können alles in seine Hand legen.‹«

»Sogar der Mann von der Polizei hat gesagt, wir sollten beten«, schluchzt Corri. »Und ich bin an allem schuld.«

»Nein, der Spitz, der fortgelaufen ist, du nicht!« will Rosi die Schwester trösten.

Ja, wo ist denn der Spitz geblieben? Ist er auch verunglückt? Niemand hat ihn seither gesehen.

»Vielleicht ist er auch überfahren worden«, jammert Rosi.

»Und ich bin an allem schuld«, schluchzt Corri wieder.

Gertrud wischt sich auch über die Augen. Sie ist schon größer und jammert nicht so laut wie die beiden kleineren Mädchen. »Ich war oft gar nicht lieb zu Andi«, klagt sie sich an.

»Ich auch nicht«, stimmt Birgit ein. »Wenn ich es nur wiedergutmachen und nachholen könnte!«

»Ja«, stimmt der Vater Corris und Rosis bei, »so ergeht es uns fast immer, wenn einem

Menschen, der uns nahesteht, etwas zustößt oder wenn wir ihn gar verlieren. Dann machen wir uns Vorwürfe. Da gilt auch das Wort, das der Herr Jesus allerdings von einem Gegner sagt, mit dem wir uns vertragen sollen, während wir noch mit ihm auf dem Weg sind.

Doch nun weint und jammert nicht andauernd. Davon wird nichts besser. Bloß wir selber können besser werden, wenn wir einsehen, wie oft wir nicht lieb waren. Wir wollen uns vornehmen, von jetzt ab viel lieber nicht bloß zu Andi, sondern zu allen Menschen zu sein, und alle Sorge um Andi wollen wir voller Vertrauen dem Vater im Himmel überlassen.«

Nach und nach verstummt das Weinen. Es ist gerade, als wenn ihnen eine Stimme ins Herz gesagt hätte: »Alles wird wieder gut!«

»In dir ist Freude«

Andi schlägt die Augen auf. Wie seltsam! Es ist doch sonst immer schon heller Tag, wenn er erwacht. Jetzt ist nicht Tag, nicht Nacht. Es ist solch schwaches bläuliches oder gelbliches Licht um ihn. Dort in der Ecke blitzt etwas Weißes. Ist das die Schwester aus dem Kindergarten, den er früher besucht hat?

»Schwester!« murmelt er sehr leise.

Sie steht auf. Ja, es ist eine Schwester, die dort an einem Tischchen gesessen und bei einer winzigen Lampe etwas geschrieben hat.

Andi hebt den Kopf. Oh, der tut ihm weh. Und nun wird ihm so übel, als hätte er zuviel Süßes oder so etwas, was ihm nicht bekommen ist, gegessen.

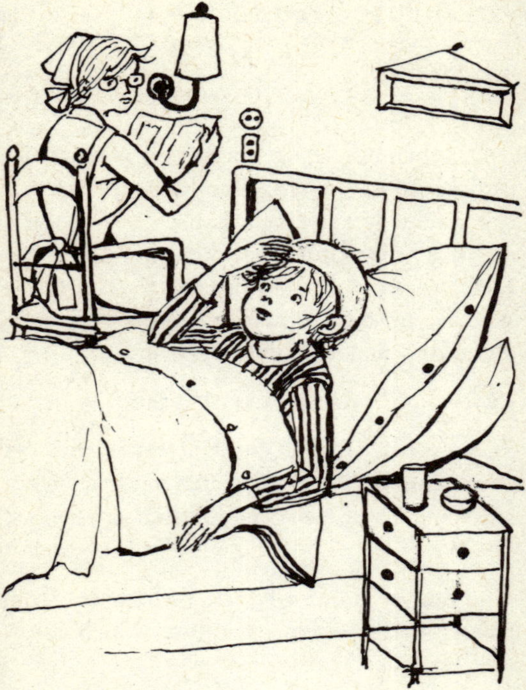

Die Schwester ist schon mit einer gebogenen Brechschale neben ihm. Er würgt.

Dann kann er nicht mehr, sinkt zurück, und alles ist wieder dunkel um ihn, und er weiß nicht, was mit ihm ist und wo er ist. Er denkt auch nicht darüber nach. Er ist wieder in eine große Dunkelheit hinabgesunken.

Wie lange er wohl schon bewußtlos war und jetzt wieder ist?

Als er aufs neue die Augen öffnet, ist Tag. Aber die Sonne scheint nicht ins Zimmer. Die Vorhänge sind zugezogen. Ringsum ist ein Dämmerlicht, aber ein helles Dämmerlicht. Andi wendet den Kopf ein wenig zur Zeite. Nein, sein Schlafstübchen ist das nicht. Er bekommt Angst, große Angst. Wo ist er?

»Mama!« schreit er auf, wie er es als kleines Kind tat.

Und da beugt sich wirklich der Mutter liebes Gesicht über ihn. »Mein lieber kleiner Andi«, sagt sie leise, auch gerade so wie vor Jahren. »Keine Angst haben! Ich bin bei dir, und der liebe Heiland ist auch bei dir.«

Andi will den Kopf heben. »Ich kann nicht«, flüstert er. »der Kopf tut mir so weh, und er ist so schwer.«

»Bleibe nur ganz ruhig liegen«, mahnt die Mutter. »Der Herr Jesus legt die Hand unter deinen Kopf, wenn du auch deinen Kopf aufhebst. Dein Kopf ist verbunden. Du hattest eine Wunde daran, die sehr geblutet hat, und du bist so hart gegen den Wagen geflogen, daß du Gehirnerschütterung hast. Was das ist, verstehst du noch nicht. Alles da drin in deinem Kopf ist etwas durcheinander geschüttelt worden. Das muß erst wieder zur Ruhe kommen. Vater und ich sind sehr dankbar, daß dein Kopf so fest ist, daß du keinen Schädelbruch hast. Nun habe ich schon zuviel gesprochen, aber du solltest doch wissen, daß du ganz still liegen mußt.«

Andi will nach seinem Kopf mit dem Verband fassen. Er hebt mühsam die Arme.

Aber die Mutter hält sie sogleich fest. »Ruhig! Ruhig!« mahnt sie.

»Mein linker Arm tut mir auch weh und die ganze linke Seite und das Bein und der Fuß«, klagt Andi.

»Ja«, sagt die Mutter, »da sind überall Schürfungen und Quetschungen. Und trotzdem wollen wir danken, daß nichts gebrochen ist. Du mußt jetzt ein ganz tapferer Junge sein und alle Schmerzen aushalten. Dann bist du bald wieder gesund. Und . . .«

Da öffnet sich die Tür leise. Eine Schwester winkt.

»Ja«, antwortet die Mutter, »ich komme!«

Sie wendet sich an Andi. »Ich muß jetzt gehen, mein Kind«, sagt sie, »damit du ganz ruhig bist.«

Andis Augen füllen sich mit Tränen. »Papa!« flüstert er. »Papa!«

»Der Vater darf dich heute nachmittag ein paar Minuten besuchen«, tröstet die Schwester.

Und damit lassen sie Andi allein, und die Augen fallen ihm wieder zu, und die Schmerzen schlafen wohl auch ein.

Er merkt später kaum, daß der Vater neben ihm sitzt. Er blinzelt ein bißchen zu ihm auf und murmelt: »Was macht das Amselfrauchen?«

»Es regt sich kaum auf seinen Eiern«, antwortet der Vater. »Und du mußt auch so brav still sein wie das Mütterchen.«

Andi ist gehorsam. Er rührt sich kaum, und darum und durch Gottes Hilfe geht es ihm von Tag zu Tag besser.

Es dauert aber noch lange, bis er wieder wenigstens aufrecht im Bett sitzen darf. Und Besuch ist auch lange nicht erlaubt. Nur die Eltern kommen jeden Tag kurze Zeit.

Andi fragt immer mehr.

Eines Tages berichtet der Vater: »Das Amselmännchen ist doch nicht so faul, wie du gemeint hast. Heute früh saß es mit seinem gelben Schnabel, woran man die Männchen erkennt, auf dem Nest, und seine Frau holte sich Futter und flog ein wenig durch den Garten. Bald werden die Jungen aus den Eiern schlüpfen.«

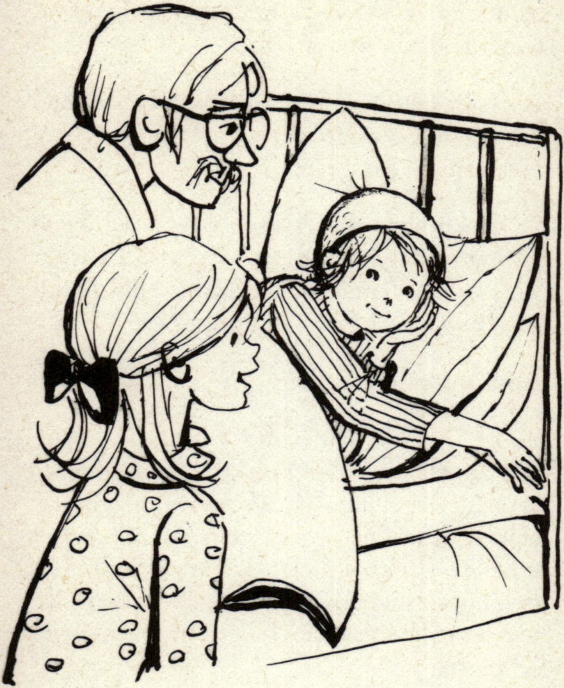

»Oh, daß ich das nicht erleben kann!« seufzt Andi.

»Oh, da sieht man nicht viel davon außer aufgerissenen Schnäbelchen und hört nichts als aufgeregtes Piepen von den Nimmersatten, und es werden ja jedes Jahr, oft sogar zweimal im Jahr neue Eier gelegt, und dann kannst du beobachten. Bestimmt erlebst du das«, tröstet der Vater.

Es tut ihm fast leid, daß er Andi davon erzählt hat, aber Andi fragt ja auch immer danach, und man darf ihm nichts vorlügen.

An einem andern Nachmittag fällt ihm etwas anderes ein. »Was ist aus dem Spitz geworden?« fragt er besorgt.

Der Vater lacht. »Der Spitz ist vergnügt und zufrieden auf Onkel Wilms Hof«, antwortet er.

»Haben sie ihn hier nicht mehr gewollt?« erkundigt sich Andi. »Er konnte doch auch nichts dazu, daß er da rumlief und ihn Corri holen wollte. Haben sie ihn nicht mehr lieb? Sind sie ihm böse?«

»O nein, so ist das nicht!« begütigt der Vater. »Das ist eine ganz seltsame Geschichte. Denk dir, Spitzchen fand mutterseelenallein durch die große Stadt und dann durch das weite Land den Weg zurück zu Onkel Wilms Hof mit der lieben Tante Else und all den Tieren. Ja, schau mich nicht so verdutzt an! Das hat man schon oft von Hunden und auch Katzen gelesen, daß sie kilometerweit laufen, um wieder bei ihrem alten Herrchen zu sein.

Bei meinem Freund, dem Förster, kam sein Dackel, den er verkauft hatte, mit wundgelaufenen Pfötchen und halb verhungert nach drei Wochen wieder an. Und du kennst vielleicht auch das Buch ›Lassie kehrt zurück‹ von Eric

Knight. Darin wird geschildert, wie ein Hund so weit lief, bis er sein Herrchen wieder erreicht hatte.«

Andi nickt. »Durfte das Dackelchen dann im Försterhaus bleiben?« fragt er.

»Natürlich!« versichert der Vater. »Wenn wir auf Onkel Wilms Hof sind, besuchen wir es einmal.«

»Oh, bin ich denn wieder bis zu den Ferien gesund?« fragt Andi.

»Ganz wohl noch nicht«, erwidert der Vater. »Aber du bekommst bestimmt noch Nachurlaub in der Schule, und dann bleibst du mit der Mutter noch länger im Dorf und ruhst dich aus. So herumtollen, das geht allerdings noch nicht.«

Er streicht Andi sacht über den immer noch etwas verbundenen Kopf. »Ich bin sehr froh und dankbar, daß ich solch einen tapferen Sohn habe. In der Heiligen Schrift steht: ›Niemand hat größere Liebe als die, daß er sein Leben läßt für seine Freunde.‹ Du hast dein Leben für Corri eingesetzt.«

»Das stimmt nicht«, widerspricht Andi bescheiden. »Ich habe damals gar nicht daran gedacht, mein Leben zu lassen. Ich habe überhaupt nichts gedacht. Das ging alles so schnell. Ich habe das einfach tun müssen. Ich habe es gar nicht gewollt, aber Gott hat es wohl so gewollt, meinst du nicht auch?«

Der Vater nickt. »Wir müssen immer das tun, was er will«, erwidert er. »Meine alte Lehrerin schrieb mir einmal zu meiner Konfirmation:

›Geh einfach Gottes Pfad,
laß nichts sonst Führer sein,
so gehst du recht und grad,
und gingst du ganz allein.‹«

»Das ist ein schöner Spruch«, stimmt Andi bei. »Den lerne ich später auswendig. Jetzt bin ich noch zu müde dazu. Die Schwester sagte auch, ich dürfte noch nicht schreiben und lesen. Ich dürfte meinen Kopf noch nicht anstrengen. Darf ich denn später wieder lernen und in die Schule gehen?«

»Und ob!« versichert der Vater. »Das sollte dir so passen, ein Faulpelz zu werden.«

Sie lachen alle beide, und Andi weint nicht mehr, wenn der Vater ihn verlassen muß.

Bald darf Andi aufstehen, wieder einige Zeit später darf er nach Hause zurückkehren. Corri und Rosi sitzen bei ihm im Garten, und sie sprechen miteinander schon davon, wann sie wieder auf Onkel Wilms Hof sein werden.

Als sie von Andi Abschied nehmen, weil die Mutter ihn ins Haus holen will, bittet er: »Nun will ich noch ein Lied gesungen haben!«

Natürlich muß man ihm den Gefallen tun.

»Du darfst eines vorschlagen«, sagt die Mutter am ersten Schultag.

»Ich will das, was ich neulich, als die Ferien zu Ende waren, noch nicht so recht verstand«, antwortet Andi: »In dir ist Freude in allem Leide!‹ Jetzt weiß ich, was Freude in allem Leide ist.«

Die Mutter nickt Andi zu, und sie stimmen an:

»In dir ist Freude
in allem Leide,
o du süßer Jesu Christ!«

TELOS-Mini-Kindertaschenbücher

3301 J. C. Brumfield, Abenteuer mit Gott
3302 J. C. Brumfield, Auf gefährlichen Wegen
3303 J. C. Brumfield, Die Brandstifter
3304 J. C. Brumfield, Urwaldtrommeln
3307 J. C. Brumfield, Kleine Lüge – große Gefahr
3308 J. C. Brumfield, Rettung auf hoher See
3310 Fritz Schmidt-König, Der stille Mund
3311 Anny Wienbruch, Das Lied der Schaukel
3312 Hildegard Krug, Die Tante aus England
3313 Eva-Johanna Hajak, Die Neue
3314 Christel Looks-Theile, 20 Gramm Federgewicht
3315 Anny Wienbruch, Die Fahrt ins Abenteuer
3316 Hildegard Krug, Verkorkste Ferien?